Kirjoittaja/tekijä

AF222990

Olen sairaanhoitaja-opiskelija, joka
on intohimoisen kiinnostunut
psykologiasta- haluan jakaa teille
tietotaitoani ja oivalluksiani toivoen,
että niistä olisi iloa ja apua ♥

"Perhoshalaus" on pieni opas itsemyötätunnon, ahdingonhallinta- ja
tunnesäätelytaitojen harjoittamiseen.

Seuraavassa teoksessani "Perhosefekti" tulen käsittelemään
neuropsykologiaa- ja käytännön psykologiaa laajemmin.

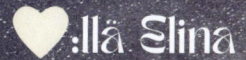:llä Elina

Ihminen ja neuropsykologia

Ihminen on psykofyysinen kokonaisuus- mieli ja keho ovat suoraan yhteydessä toisiinsa. Aivot ovat tuon hienosäätöisen kokonaisuuden kapellimestari ja itsessään monimutkainen järjestelmä- aivoissa on arviolta 86 miljardia yksittäistä neuronia eli hermosolua, jotka käsittelevät ja välittävät aisteista tulevaa tietoa sähköisten hermoimpulssien avulla. Neuronit voivat järjestäytyä lukemattomin eri tavoin hermoverkoiksi minkä seurauksena jokaisen ihmisen aivot ovat ainutlaatuiset.

—>

Neurotransmitterit eli hermoston välittäjäaineet ovat yhdisteitä, jotka säätelevät hermosolun ja toisen solun välisiä sähköisiä signaaleja. Oppaassa käsitellään eri välittäjäaineita joita ovat muun muassa endorfiini, oksitosiini, serotoniini, dopamiini, kortisoli ja adrenaliini.

Hermosto jakautuu autonomiseen ja somaattiseen hermostoon.
Autonomisen hermoston toiminta on tahdosta riippumatonta ja se jakautuu sympaattiseen ja parasympaattiseen hermostoon.
Somaattinen hermosto on tahdonalainen.

Kun oppii ymmärtämään neuropsykologiaa ja säätelemään omien välittäjäaineiden toimintaa- voi saavuttaa täyden potentiaalinsa.

Aivokemiaa

Sympaattinen
hermosto-
aktivoituminen

Parasympaattinen
hermosto-
rentoutuminen

Autonominen
hermosto-
tahdosta riippumaton (sydän ..)

Vagushermo-
aktivoi
parasympaattisen
hermoston

Somaattinen
hermosto-
tahdonalaiset
toiminnot

Kortisoli-
stressi

Oksitosiini-
rakkauden +
luottamuksen tunne
+ stressin lievitys

Adrenaliini-
taistele tai
pakene tila

Dopamiini-
motivaatio,
viestinsiirto
+ mielihyvä

Serotoniini-
onnellisuuden tunne-
vaikuttaa muunmuassa
mielialaan + unenlaatuun

Endorfiini-
mielihyvä +
kivun lievitys

Veneet eivät vajoa niiden ympärillä
olevan veden takia,
veneet vajoavat niiden sisälle
pääsevän veden takia-
älä anna ympärillä tapahtuville
asioille valtaa vetää sinua pohjalle

-Anonyymi

Ahdistuneisuus

Ahdistus on luonnollinen ja alkukantainen reaktio stressiin- se on ollut tärkeä osa ihmisten selviytymistä. Kun ihmiset olivat vielä metsästäjä-keräilijän tasolla, oli vaaroja ympäristössä jatkuvasti ja ahdistuneisuuden tuoma ylivireystila auttoi esi-ihmisiä huomaamaan vaaroja ja selviytymään. Nykypäivänä ei samanlaista jatkuvaa hengenvaaraa ole, mutta ahdistuneisuuden tunne on jäänyt. Ahdistus ilmenee psyykkisin ja somaattisin oirein-psyykkisiä oireita ovat muunmuassa levottomuus, keskittymisvaikeudet ja kehämäinen ajattelu. Somaattisia oireita ovat hengityksen ja pulssin kiihtyminen, hikoilu ja pahoinvointi.

Ihmiset, joilla esiintyy vaikeaa ahdistuneisuutta olisivat olleet kivikaudella loistavia vartijoita, mutta nykyisessä elämäntyylissä ahdistuneisuudesta on enemmän haittaa kuin hyötyä. Ahdistuneisuutta on mahdollista oppia hallitsemaan niin ettei se enää rajoita elämää muunmuassa lääkkeettömiä ahdingonsietotaitoja harjoittamalla.

Ahdingonsietotaitoja konkreettisesti

- Hengitysharjoitukset- hengittele rauhallisesti sisään ja ulos- aktivoi parasympaattista hermostoa

- Kylmä suihku/jääpalat/ kylmää vettä kasvoille

- Kävely + luonnossa ajan viettäminen

- Tuoksut kuten laventeli- laventelissa on luonnostaan linalolia, joka aktivoi parasympaattista hermostoa

- Kosketus kuten perhoshalaus- laita kädet ristikkäin rinnan päälle ja taputtele itseäsi rauhoittavasti

- Keskity siihen, mihin pystyt vaikuttamaan

- Objektiivisuus omia ajatuksia kohtaan

- Mikä optimistinen ajatus voisi kumota negatiivisen ajatuksen?

Ahdingonhallinta

Ahdistusta voi hallita vaikuttamalla seuraaviin tekijöihin:

Optimistinen ajattelu ja objektiivisuus

Fyysiset tuntemukset lietsovat ajatuskehää- ajatukset lietsovat fyysisiä tuntemuksia

Vagushermon aktivointi- parasympaattinen hermosto

Ajatukset

Fyysiset tuntemukset

Toiminta

Tunteet

Toimi toisin kuin mitä tunne sanoo kun tekee esimerkiksi mieli satuttaa itseä/ahdistus lamaannuttaa, sen sijaan fyysisiä harjoituksia/itsestä huolehtimista

Toiminta, ajatukset ja fyysiset tuntemukset vaikuttavat tunteisiin ja päinvastoin- positiivisten tunteiden vahvistaminen

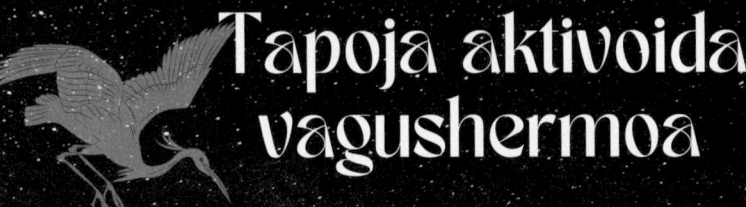

Tapoja aktivoida vagushermoa

Kiertäjähermo eli vagushermo (lat. nervus vagus) on kaulassa lähelle pintaa tuleva kymmenes aivohermo ja tärkein parasympaattinen hermo

Rakkaiden kanssa ajan viettäminen

Tietoinen hengittäminen

Liikunta

Hyräily

Kofeiinin käytön rajoittaminen

Luonto + metsäkylvyt

Nauru

Meditaatio + kiitollisuus

Veden kurlaaminen

Aistien käyttö-tuoksut, kylmä vesi iholla ja kosketus

Pätkäpaasto, terveellinen ruokavalio + probiootit

Elämä muuttuu, kun
sitoudut unelmiisi
mukavuusalueesi sijaan
-Billy Cox

Kehä

Kehä pohjautuu dialektisen käyttäytymisterapian idealogiaan. Dialektinen käyttäytymisterapia (DKT) on yhdysvaltalaisen Marsha Linehanin kehittämä tutkimusnäyttöön perustuva psykoterapiahoitomenetelmä, jonka tavoitteena on auttaa ihmistä muuttamaan haitallisia toimintamalleja ja opettaa tunnesäätelytaitoja. Kehä kuvaa sitä, kuinka ihmisen ajatukset, tunteet ja teot ovat yhteydessä toisiinsa, ja kuinka niiden yhteyttä muuttamalla voi rikkoa niistä muodostuvan noidankehän.

Esimerkkinä ahdistuneisuushäiriö- ihminen alkaa vältellä ahdistusta aiheuttavia tilanteita kuten julkisille paikoille menemistä. Kyseisiä tilanteita välttelemällä ahdistus kuitenkin vain lisääntyy- kehä ohjaa ihmistä kohtaamaan ahdistavat tilanteet ahdistuksen tunteesta huolimatta ja kyseisiä tilanteita toistuvasti kohtaamalla tilanteet ahdistavat vähemmän.

Kehää voi soveltaa mihin vain intensiiviseen tunteeseen. Toimimalla päinvastoin kuin negatiivinen tunne ohjaa toimimaan- toimintamalli alkaa hiljalleen muuttua.

Kehä

Ajatukset

Toimi päinvastoin
kuin tunnet -
lähde ulos sen sijaan,
että jäisit sisälle

Negatiiviset ajatukset
johtavat negatiivisiin
tunteisiin

Muuta ajattelumalliasi
älä toimi tunteiden
pohjalta

Negatiiviset tunteet
heikentävät
toimintakykyä

Elä välittäen
itsestäsi vaikka
se tuntuisi
vaikealta

Ajatukset,
tunteet ja teot
ovat yhteydessä
toisiinsa

Teot

Tunteet

Riko noidankehä

Olet enemmän kuin
diagnoosisi,
ajatuksesi tai
tunteesi.

Tunteiden säätely

Tarkkaile ajatuksiasi ja
tunteitasi objektiivisesti

Ajatukset

Ovatko
ajatuksesi
valideja?

Ole niin objektiivinen
kuin voit olla

Käytä antidoottia-
Mikä positiivinen ajatus
voisi kumota negatiivisen
ajatuksen?

Laita asiat oikeaan
mittasuhteeseen

Tunteet

Anna tunteidesi
tulla ja mennä

Validoi tunteitasi
niihin takertumatta

Tämäkin tunne on
ohimenevä

Etäänny tunteita
kuohuttavasta tilanteesta
suojellaksesi
sisäistä rauhaasi

Ymmärrä, että voit vaikuttaa
ainoastaan itseesi ja omaan
reaktioosi- kukaan muu
ei ole vastuussa
tunteistasi, etkä ole vastuussa
muiden reaktioista

Selviydyt jokaisesta myrskystä, jonka kohtaat

Sanastoa

Validointi- tunteen hyväksyminen ja todesta ottaminen

Validi- paikkaansapitävä

Objektiivisuus- puolueeton, asenteesta riippumaton ja yleispätevä näkemys

Antidootti- vastalääke

Depressio- masennus

Resilienssi- psyykkinen palautumiskyky ja joustavuus

Tunteet ovat vierailijoita-
anna niiden tulla ja mennä
-Mooji

Itsemyötätunto

Itsemyötätunto on kyky suhtautua itseensä ystävällisesti ja armollisesti silloinkin, kun epäonnistuu ja elämässä on vastoinkäymisiä- sen harjoittaminen ja vahvistaminen on tärkeää resilienssin kannalta.

Itsemyötätunto

Ole vanhempi sisäiselle lapsellesi

Näe sisäinen lapsesi- kuinka puhuttelisit itseäsi lapsena?

Paranna sisäinen lapsesi- mitä vaille jäit lapsena? Anna se itsellesi.

Tunnista sisäiset haavasi ja hoida niitä

Validoi omia tunteitasi ja pidä rajasi

Ole kiltti itsellesi

Kohtele itseäsi kuten kohtelet sinulle rakkaita ihmisiä

Puhu kauniisti itsellesi

Pidä huolta mielestäsi + kehostasi

Kannusta itseäsi- katso itseäsi peiliin ja puhu kannustavasti itsellesi- se on todistetusti toimiva psykologinen menetelmä

Kannustavia lauseita

Olet riittävä

Selviät mistä vain mitä tulee vastaan

Arvoasi ei määrittele mikään ulkoinen tekijä- olet onnen ja rakkauden arvoinen yhtä kaikki

Sisäinen lapsi

Kun on vaikea suhtautua itseensä
myötätuntoisesti- ota käteesi lapsuuden kuva
itsestäsi- miten puhuisit lapsiversiolle itsestäsi?

Muista, että monien haitallisten ajattelumallien
takana on sisäisen lapsen haavat- niitä
hoivaamalla myös ajatusmallit alkavat parantua

Itkemisen hyödyt

Vapauttaa mielihyvähormoneja-
endorfiinia ja oksitosiinia, jotka
helpottavat sekä psyykkistä että
fyysistä kipua

Auttaa prosessoimaan
tunteita ja kokemuksia

Palauttaa
emotionaalisen
tasapainon

Aktivoi
parasympaattista
hermostoa

Vapauttaa toksiineja ja
stressihormoneja

Ehkäisee tunteiden
patoutumista

Joka kerta, kun kuvittelit
ettet pystyisi jatkamaan
eteenpäin- jatkoit eteenpäin.
Näe kuinka vahva olet.
—Karen Salmansohn

Serotoniini

Serotoniini on mielihyvähormoni ja sen toiminta on tärkeää niin psyykkisen kuin fyysisen hyvinvoinnin kannalta. Serotoniini säätelee mielialaa ja vaikuttaa lukuisiin fysiologisiin prosesseihin kuten ruumiinlämmön ja ruokahalun säätelyyn + unenlaatuun.

Serotoniinia luonnollisesti

Terveellinen ruokavalio, joka sisältää tryptofaania= proteiinin lähteet, pähkinät/siemenet, + tumma suklaa

Lisäravinteet- puhdas tryptofaani, 5-HTP, probiootit

Säännöllinen liikunta= vapauttaa endorfiinia ja serotoniinia

Unenlaadun parantaminen

Hieronta= lisää verenkiertoa ja laskee koristolitasoja

Vagushermon aktivointi= stressin hallinta

Kirkas valo

Kosketus= vapauttaa oksitosiinia= muunmuassa halaaminen ja lemmikin paijaaminen

Kiitollisuus + optimistinen ajattelu

Ole se muutos,
jonka haluat nähdä maailmassa.
-Mahatma Gandhi

Dopamiini

Dopamiini on mielihyvähormoni, joka
toimii motivaation lähteenä ja säätelee
muun muassa ihmisen sisäistä kelloa-se
on ollut evoluution kannalta tärkeä
välittäjäaine, joka palkitsee ihmistä
evoluutiota edistävistä teoista.
Dopamiini on myös riippuvuuksien
taustalla- oli kyse huumeista,
pelaamisesta tai älypuhelimen käytöstä-
ihminen jää riippuvaiseksi dopamiiniin ja
sen aiheuttamaan hetkelliseen euforian
tunteeseen.

Nykypäivänä ihminen altistuu jatkuvasti "dopamiinipiikeille" älypuhelimen ja sosiaalisen median myötä mikä vaikuttaa negatiivisesti aivoihin- aivojen "hidas" ja luonnollinen dopamiinin tuotanto heikkenee "keinotekoisen" dopamiinin myötä ja ihmisen on vaikeampaa motivoitua, keskittyä ja sitoutua tavoitteisiin. Dopamiinin luonnollista tuotantoa on kuitenkin mahdollista vahvistaa omalla toiminnallaan.

Dopamiinia luonnollisesti

Kirjan lukeminen- vaatii keskittymistä ja dopamiinia vapautuu tasaisesti

Erilaiset projektit + opiskelu

Musiikin kuuntelu

Harrastukset

Stimulanttien käytön välttäminen- kofeiini, sokeri ja nikotiini.

Älypuhelimen/ sosiaalisen median käytön vähentäminen

Sitoutuminen tavoitteisiin -> saavutukset

Tekijät jotka vaikuttavat myös mm. serotoniinin tuotantoon- terveelliset elämäntavat, säännöllinen liikunta, meditaatio yms..

Uni

Uni puhdistaa aivot- aivo-selkäydinneste huuhtelee aivoja ja poistaa haitallisia kuona-aineita. Unen aikana aivot käsittelevät päivän aikana tapahtuneita asioita ja syntyy uusia muistijälkiä.
Syvässä unessa soluvauriot korjaantuvat ja solujen väliset yhteydet vahvistuvat etenkin kognitiivisten toimintojen kannalta tärkeiltä alueilta.
Hyvä unenlaatu edistää niin psyykkistä kuin fyysistä hyvinvointia.

Kuinka parantaa unenlaatua

Unihygienia

Viileä huone

Ruutuajan rajoittaminen etenkin ennen nukkumaanmenoa

Vähäinen valon määrä illalla

Rauhoittuminen- kirjan lukeminen. ASMR/rauhallinen musiikki. jooga/venyttely + tietoinen hengittäminen

Rutiinien ja unirytmin luominen

Laventeliöljy- Laita laventeliöljyä ranteisiin ennen nukkumaanmenoa- rauhoittava vaikutus

Ei kofeiinia 6 tuntia ennen nukkumaanmenoa

Magnesium iltaisin

Mikäli käytät melatoniinia- pieni annos (0,5-1mg) isompien annosten sijaan on tehokkaampi eikä sekoita omaa melatoniin tuotantoa

Rentoutumisharjoitukset

Se miten katsot maailmaa-
määrittelee todellisuutesi.

© 2022, Elina Alenius
Kustantaja: BoD – Books on Demand, Helsinki, Suomi
Valmistaja: BoD – Books on Demand, Norderstedt, Saksa
ISBN: 978-952-80-6803-7

Lisää materiaalia:

David Eaglemanin kirjat:
Aivot- Ihmisen-tarina +
Aivojen ääretön tarina

mieli.fi

Psykologian
verkot- oppikirja

hidastaelamaa.fi

oivamieli.fi
rentoutusharjoitukset

mielenterveystalo.fi-
omahoito

School of life
materiaalit + "The
Calm Workbook"